Buchstabenübersicht
Für jeden geübten Buchstaben darfst du den passenden Luftballon ausmalen.

W0349375

Buchstaben	Seite
A a	S. 26 / S. 6
B b	S. 10 / S. 22
C c	S. 46 / S. 40
D d	S. 10 / S. 6
E e	S. 16
F f	S. 26 / S. 34
G g	S. 46 / S. 38
H h	S. 26 / S. 34
I i	S. 28 / S. 2
J j	S. 52
K k	S. 12 / S. 38
L l	S. 48 / S. 22
M m	S. 14 / S. 2
N n	S. 28 / S. 2
O o	S. 8 / S. 6
P p	S. 10 / S. 18
Q q	S. 52
R r	S. 12 / S. 30
S s	S. 8 / S. 20
T t	S. 8 / S. 18
U u	S. 14 / S. 2
V v	S. 32
W w	S. 32
X x	S. 54
Y y	S. 54
Z z	S. 48
ß	S. 44

Bei der *Schreibschrift* stehen die Buchstaben nicht mehr einzeln. In einem Wort stehen sie eng zusammen und sind meistens mit einer Linie verbunden. Du kannst nun üben, wie die Buchstaben in Schreibschrift geschrieben werden. Ganz wichtig sind dabei der Anfangspunkt und die Schreibrichtung. Achte deswegen auf den Punkt • und den Pfeil ↷ .

Schreibschrift ist gar nicht so schwer, du kannst üben, sieh mal her.

Manche Buchstaben bekommen nur eine Verbindungslinie.

i → *i*
u → *u*
n → *n*
m → *m*

Nimm einen Buntstift.
Schreibe in Schreibschrift über die Druckschrift.

in	*im*	in	im
um	*um*	um	um
nun	*nun*	nun	nun
mini	*mini*	mini	mini

Schreibe mit Bleistift.

i i i i

n n n

in in

u u

m m

um um

im im

nun nun

mini mini

Es ist wichtig, a, d und o in einem Zug zu schreiben. Sie beginnen alle an derselben Stelle.
Übe das zuerst noch einmal in der Druckschrift.

a . . . . a|d . . . . d|o . . . . o

da da

doof doof

Oma Oma

Hier siehst du **Druckschrift** und *Schreibschrift* untereinander.
Schreibe die Sätze in Druckschrift nach. Nimm einen Bleistift dazu. Fang immer am Punkt an.
Du kannst auch die Schreibschriftsätze nachschreiben. Bald kannst du sie alleine lesen und schreiben.

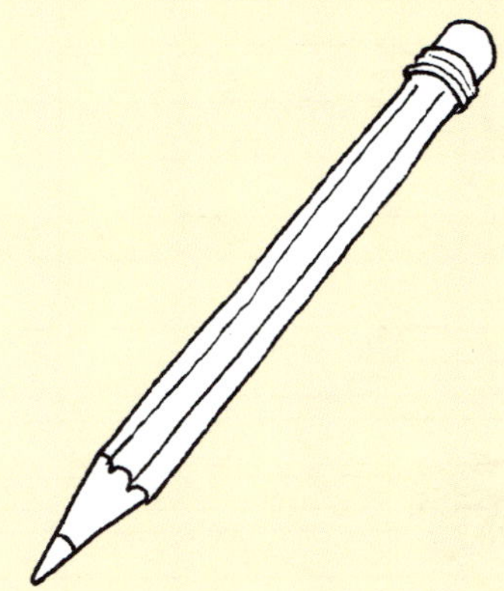

Das ist Druckschrift.

Das ist Schreibschrift.

Momo sammelt Tannenzapfen im Wald.

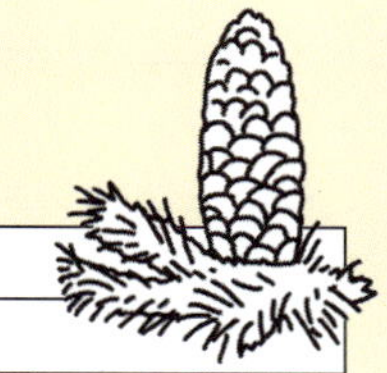

Momo sammelt Tannenzapfen im Wald.

Mama ist auch dabei.

Mama ist auch dabei.

Die Zapfen brauchen sie für ein Spiel.

Die Zapfen brauchen sie für ein Spiel.

Es heißt Tazadowe.

Es heißt Tazadowe.

Kennst du das Spiel ?

Kennst du das Spiel ?

Auch a, d und o bekommen nun eine Verbindungslinie. Achtung, beginne beim roten Punkt!

Stehen a, d oder o mitten im Wort, so musst du zu ihrem Anfangspunkt springen.
Du musst beim Schreiben also absetzen und neu anfangen.

Dieses Zeichen soll dich an diesen kleinen Luftsprung erinnern:

a → a
d → d
o → o

an	am	an	am
da	dann	da	dann
und	und	und	und

Schreibe mit Bleistift.

a a a

an am an am

d d d

du du

da da

und und

o o o

nanu nanu

miau miau

O → *O*
S → *S*
T → *T*

Super einfach geht es nun weiter: Die Buchstaben O, S und T sind genauso wie in Druckschrift.
Sie werden nur etwas schräg geschrieben, so wie alle Buchstaben in Schreibschrift.
Sie haben keine Verbindungslinien.

Druckbuchstaben stehen

Schreibbuchstaben gehen

O S T O S T

Omi Omi

Oma Oma

Tim Tim

Tom Tom

Sina Sina

Sand Sand

Tau Tau

Sau Sau

D → *D*

B → *B*

P → *P*

Auch D, P und B haben keine Verbindungslinie. Schreibe die Sätze mit Bleistift nach.

Nanu? Eine Sau ist im Baum.

und ein Dino im Bad.

Oma fällt auf den Po.

Ist das ein Traum?

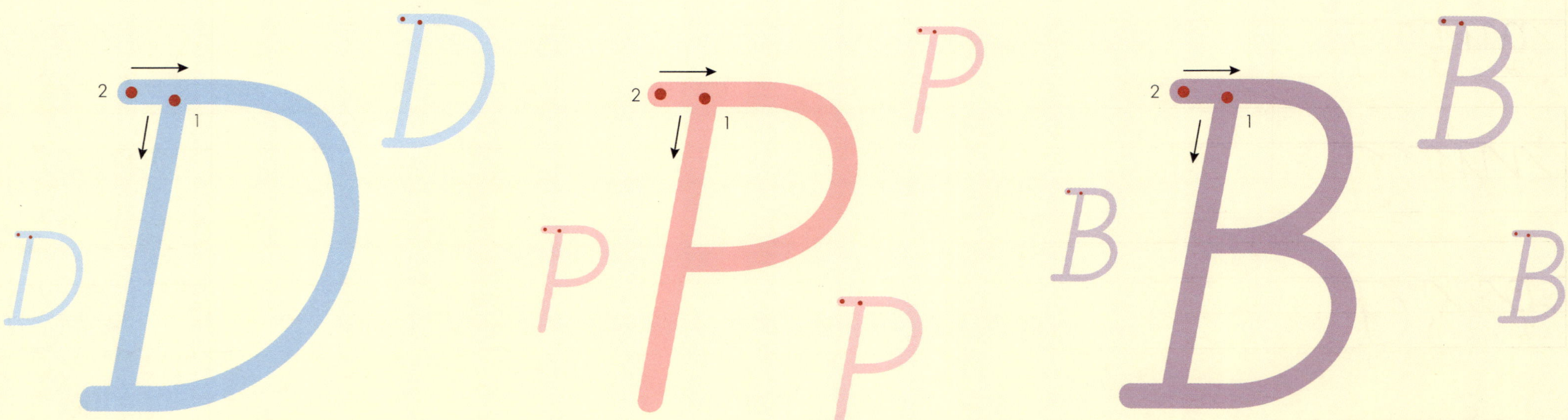

Dino Dino

Dani Dani

Diana Diana

Po Po

Pia Pia

Bad Bad

Bau Bau

Baum Baum

Band Band

K → K
R → R

Die Buchstaben K und R bekommen eine Verbindungslinie.

Kim geht im Kimono

ins Kino. Komisch!

Rudi ist im Ruderboot.

Achtung!

Kommt da ein Krokodil?

K K K

Kim Kim

Kino Kino

Kai Kai

Kind Kind

R R R

Rudi Rudi

Rad Rad

Radio Radio

M → M
U → U

M und U bekommen auch eine Verbindungslinie. Beide Buchstaben werden in einem Zug geschrieben.
Das M beginnt mit einer schrägen Aufwärtslinie.
Die Schreibbewegung beim großen U ist wie beim kleinen u.

Mama hört Mamma Mia im Radio.

Klingt super!

Udo sieht ein Ufo am Himmel.

Was ist das?

M M M

U U U

Mama Mama

Mond Mond

Udo Udo

Uno Uno

Mann Mann

Mona Mona

Momo Momo

E → E

e → e

Das große E wird wie eine umgedrehte 3 geschrieben. Dazu kommt die Verbindungslinie.
Schwieriger ist das kleine e.
Von der Mittellinie geht es zuerst etwas nach unten in einen kleinen Kreis, dann ganz nach unten und mit Schwung zur Mittellinie.
Dieses e wird auch „Köpfchen-e“ genannt.

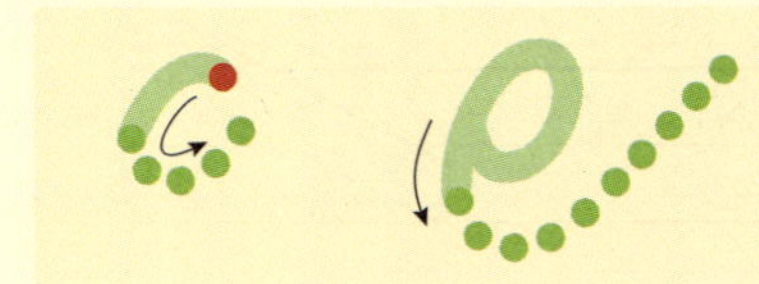

Eine Ente - nein, neun Enten.

Dein Ei - nein, mein Ei.

O nein, eine Biene ist an meinem Bein.

E E E

e e e

See S See

meine m meine

deine d deine

Biene Bi Biene

nein n nein

Beine B Beine

Ende Ende

Schreibe *ein* oder *eine* zum Bild.

ein 

t → t

p → p

Die kleinen Buchstaben der Schreibschrift beginnen und enden an der oberen Mittellinie.

Das t beginnt wie eine 1 .

Das p wird in einem Zug geschrieben. Es geht im Linienhaus in den Keller.

Papa malt Tomaten in Tüten.

Tante Ute malt Raupen im Bett.

Opa Otto malt Spinnen im

Spinat. Igittigitt!

t t t | tt tt

Ente Ente

Ratte Ratte

Bett Bett

p p p | pp pp

Opa Opa

Papa Papa

Puppe  Puppe

Popo Popo

Das kleine s kann so ʃ oder so ſ aussehen.

Steht es am Ende vom Wort, schreibt man ʃ .

Kommt danach noch ein Buchstabe, wird eine Schlaufe angehängt ſ.

Pit und Rita machen eine Reise.

Sie fahren mit dem Bus.

Oft machen sie Pause und essen

Tomaten, Käse und Eis.

Schreibe die Wörter zu den Bildern.

s s s

s s s s

Bus Bus

Eis Eis

Käse Käse

Rose Rose

nass nass

ist ist

Mist Mist

Ei

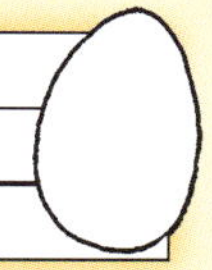

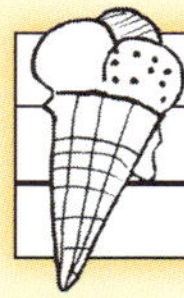

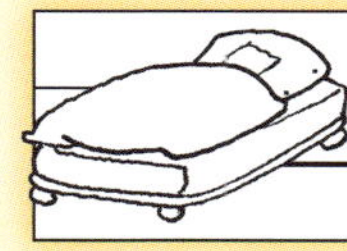

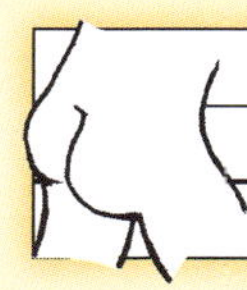

l → l

b → b

l b

Fällt dir bei diesen Buchstaben etwas auf ?

Sie sehen sehr ähnlich aus. Achte genau auf den Unterschied!

Beim **l** ist die Verbindungslinie schräg. Beim **b** geht es zuerst gerade nach oben.

Ich bin lieb, du bist lieb.

Paul und Rabia sind lieb.

Wir bleiben tolle Freunde.

l l l ll ll

b b b bb bb

lila lila

Esel Esel

Kamel Kamel 

bunt bunt

blau blau

blöd blöd

Robbe Robbe

Gib den Kindern Namen

Malia
Sultan
Medine
Rene
Melanie
Ben
Knut
Emelie
Simon
Madita
Raul

Bastian
Seda
Paul
Pauline
Dina
Till
Sanam
Robin
Salima
Timo
Rania

Emine Tobias Elena Malte

Schreibe die Wörter zu den Bildern.

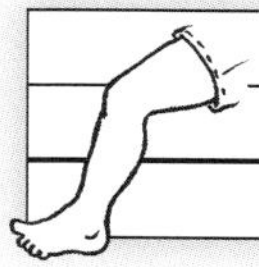

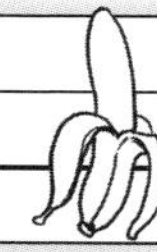

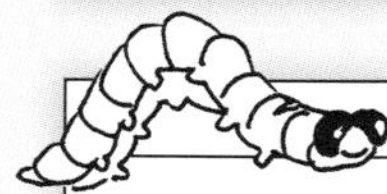

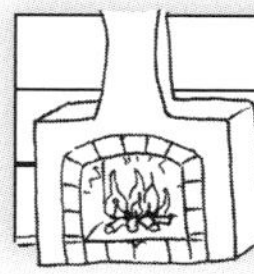

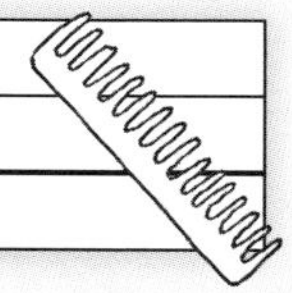

A → A

H → H

F → F

A, H und F sind gut zu erkennen.

In der Schreibschrift haben sie eine Verbindungslinie zum nächsten Buchstaben.

Achtung, Anne angelt Ameisen!

Hilfe, Hanno hat Haie!

Fantastisch, Fiona spielt Fußball!

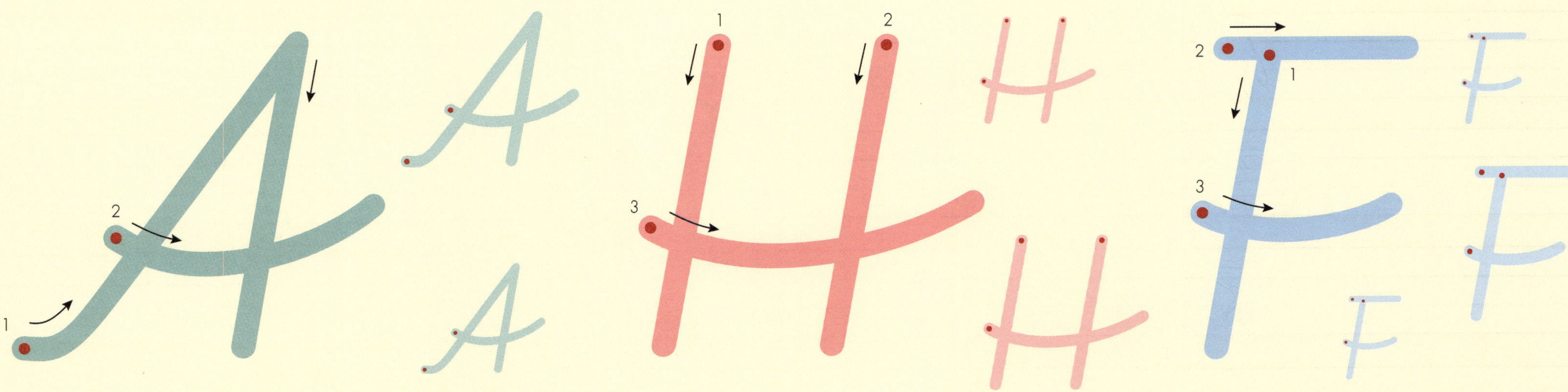

A H F

Anna Anna

Ananas

Anton Anton

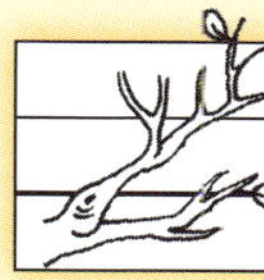

Abend Abend

Hund Hund

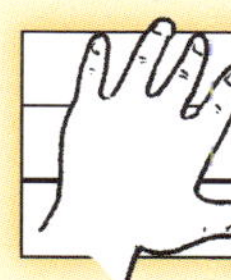

Hose Hose

Haus Haus

Foto Foto

Fest Fest

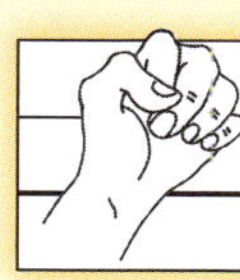

Fluss Fluss

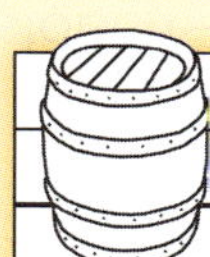

I → J

N → N

I und N sehen in der Schreibschrift etwas anders aus.

Sie werden in einem Zug geschrieben und haben keine Verbindungslinie.

Ida hat eine Idee. Sie will

mit Inlinern nach Italien.

Nein! Niemals, meint Mama.

Du fällst so oft auf die Nase.

J J J J J J N N N N N

J J

N N

Nino
Bilal
Fabian
Ali

Idee Idee

Insel Insel

Italien Italien

Nase Nase

Nudel Nudel

Nest Nest

Nebel Nebel

r → r

Achtung! Jetzt wird es knifflig.

Das r soll so r ☺ und nicht so r ☹ aussehen. Siehst du den Unterschied ?

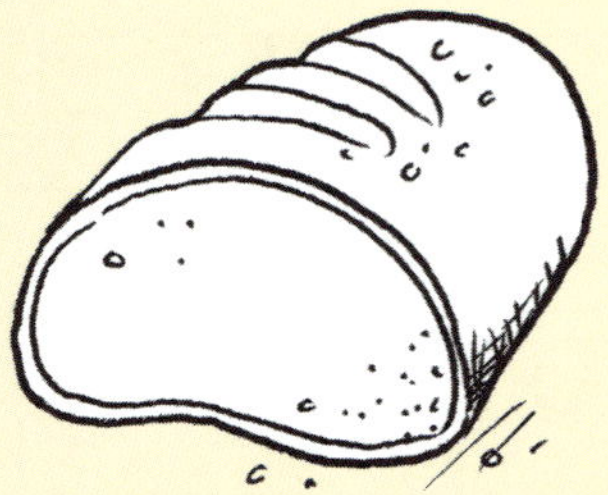

Das Brot ist warm. Es ist braun.

Der Ball ist rund. Er ist rosa.

Die Erdbeeren im Eimer sind rot.

Sie schmecken superlecker.

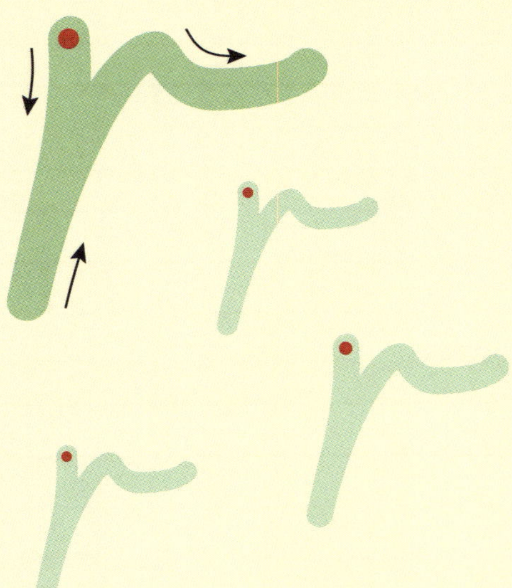

r r r r

r r r

Bär Bär

Ritter Ritter

rot rot

braun braun

rennen rennen

rollen rollen

reiten reiten

runter runter

rein und raus rein und raus

V → V
W → W
v → v
w → w

Die großen Buchstaben V und W sind ähnlich wie in Druckschrift. Sie haben keine Verbindungslinie.
Die kleinen Buchstaben v und w sind in Schreibschrift unten rund, wie das u.
Sie haben eine Verbindungslinie.

Willi wills wissen!

Was und wie und wo,

warum ist das so?

Wer und wie und wann,

was passiert denn dann?

V V W W

v v v w w

Vampir Vampir

Wal 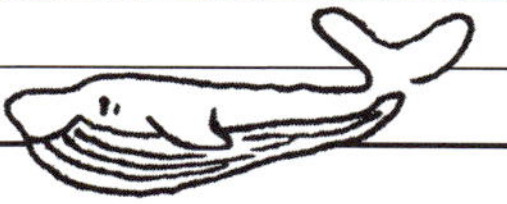 Wal

von von

viel viel

wer wer

will will

wissen wissen

f → *f*

h → *h*

f und h fangen mit einer Schlaufe nach oben an. Das f geht in den Keller.

Sie beginnen und enden an der oberen Mittellinie, wie alle kleinen Buchstaben der Schreibschrift.

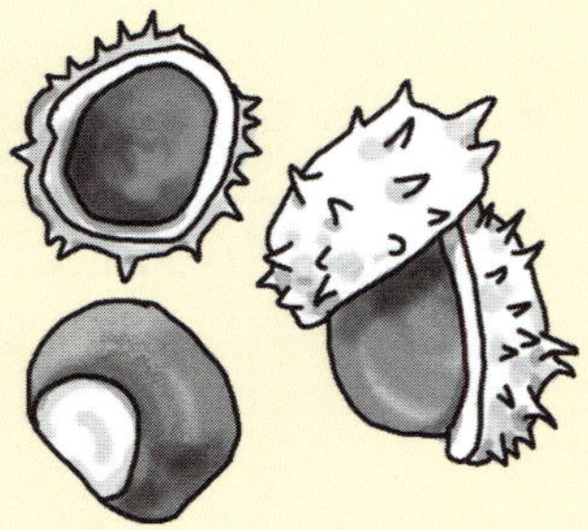

Pferde und Affen fressen Äpfel.

Hasen und Hühner fressen Körner.

Rehe fressen Kastanien.

Was frisst ein Pfau?

hat hat

hallo hallo

Uhr Uhr

hin hin

her her

Brief Brief

für für

fünf fünf

Käfer Käfer

 Reh

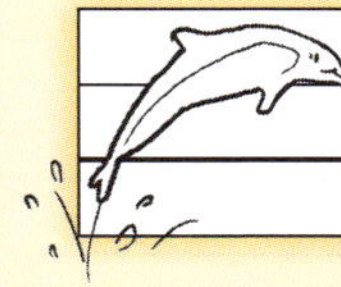

11 e

5 f

 Pf

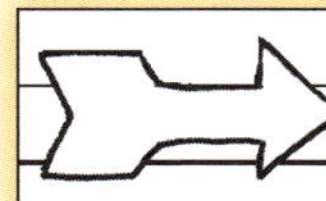

Gib den Kindern Namen

Sandra
Asmir
Marina
Murat
Berk
Rafael
Sabrina
Abudi
Svetlana
Daniel
Anastasia

Esra
Anton
Kasimir
Sören
Britta
Manuela
Sara
Bernd
Hermine
Arno
Wilma
Alpaslan

David Emre Boris Marius Mora Eva

Schreibe die Wörter zu den Bildern.

E

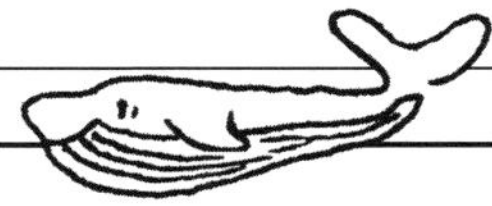

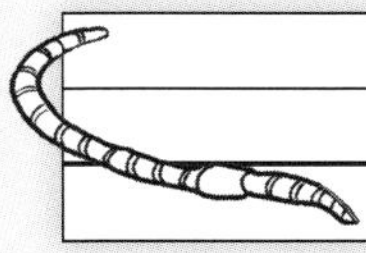
W

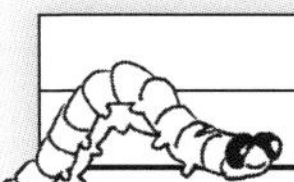

R

M

N

Kü

k → k

g → g

Das kleine k beginnt wie das h. Der letzte Schreibbogen bekommt aber eine Kerbe.

Das kleine g fängt an wie die Zahl 9. Aus dem Keller geht es mit einer Schlaufe nach oben.

Kann ein Krokodil küssen?

Kann ein Käfer gähnen?

Kann ein Igel gut kauen?

k k k k k k

g g g g g g g

k k k

Keks Keks 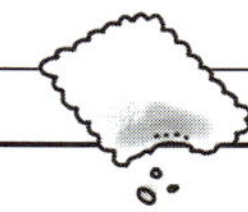

Krokodil Krokodil

kalt kalt

g g g

gut gut

gelb gelb

giftig giftig

Kaugummi Kaugummi

c → c

ch → ch

ck → ck

Das kleine (c) fängt wie ein (a) an. Denke an den Luftsprung !

Es steht selten allein. Meist wird ein (h) oder (k) angehängt.

Manche lieben Märchenbücher.

Bäcker lieben Backbücher.

Oma mag Tierbücher.

Welche Bücher magst du ?

c c c ch ch ch ck ck ck

c c c ch ch

ich ich

lachen lachen

Kuchen  Kuchen

c c c ck ck

Ecke Ecke

Brücke Brücke

dick dick

glücklich glücklich

sch → sch

Sch → Sch

Schlange, Schmetterling und

Schwein, laden alle Tiere ein.

Auch die Käfer und die Schnecken

kriechen schon aus ihren Ecken.

Die tolle Party ist ein Hit,

denn alle feiern gerne mit.

sch sch

Sch Sch

sch sch

schön schön

schreiben schreiben

Fisch Fisch 

Sch Sch

Schere Schere

Schule Schule

 Schwein Schwein

Schaf Schaf

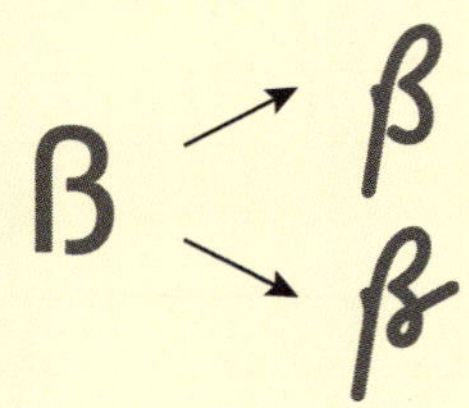

ß gibt es nicht als Großbuchstaben. Im „Linienhaus" ist er aber so groß, dass er vom Keller bis zum Dach reicht. Wie beim kleinen s gibt es ihn mit und ohne Schlaufe.

Kleine Füße, große Füße,

dicke Füße, dünne Füße,

weiße Füße, heiße Füße,

Stinkefüße, Käsefüße,

Füße mit und ohne Schuh

und nun lass mich doch in Ruh!

ß ß ß

süß süß

weiß weiß

Spaß Spaß

ß ß ß

Fußball Fußball

Straße Straße

groß größer

Ich heiße

C → C
Ch → Ch
G → G

Das große C wird mit Verbindungslinie geschrieben.
Das große G fängt an wie ein C
und hat dann noch eine Schlaufe wie beim kleinen g .

Schreibe die Wörter zu den Bildern.

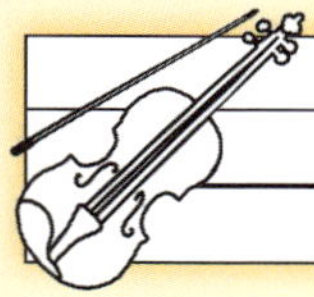

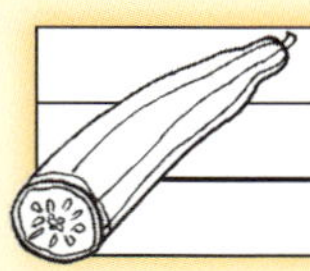

Creme	Geige
Clown	Geld
Comic	Gewicht
Computer	Geist
Glocke	Geschenk
Glas	Gürtel
Geschirr	Gurke
Giraffe	Gabel

z → z

tz → tz

Z → Z

L → L

Das kleine **z** sieht verändert aus, aber es lässt sich ganz locker schreiben.

Schreibe eine **3** von der Mittellinie bis in den Keller und dann eine Schlaufe wie beim **g**.

Das große **Z** fängt an wie in Druckschrift. Der letzte Strich wird wie eine Welle geschrieben.

Achtung! Das **L** ist schwer zu schreiben. Links unten sollte es spitz sein. Dann kommt eine Welle.

Lea, Zora und der Matz

finden einen großen Schatz.

Was ist wohl in der Kiste drin?

z z z

zum zum

Herz Herz

Z Z Z

Zoo Zoo

Zebra Zebra

L L L

Löwe Löwe

Lineal Lineal

Blitz

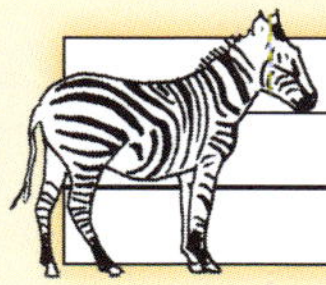

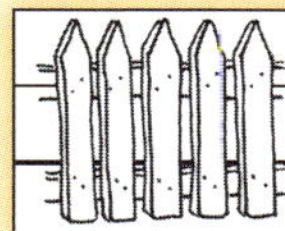

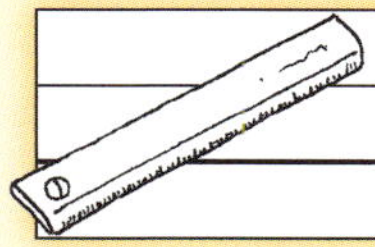

Gib den Kindern Namen

Catrin
Okan
Carla
Dominik
Leon
Lilli
Nick
Carolin
Michael
Lars
Zora

Christian
Sergen
Lara
Erik
Leonie
Tarek
Carola
Lukas
Adriana
Nicole
Leo
Moritz

Mark
Charlotte
Holger
Lena
Fatma

Schreibe die Wörter zu den Bildern.

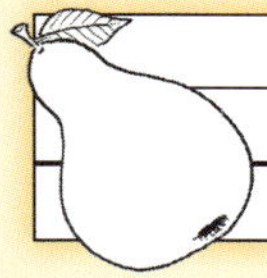

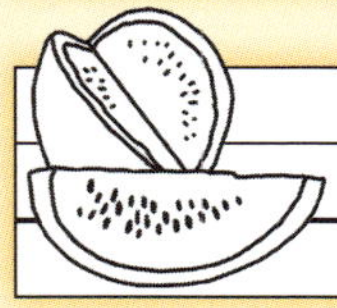

Pilz
Paprika
Zwiebel
Pflaume
Erdbeere
Karotte
Zitrone
Mais

Tomate
Ananas
Birne
Gurke
Nuss
Apfel
Salat
Melone

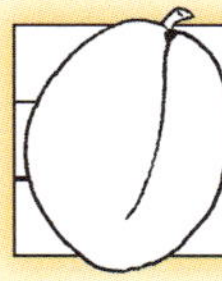
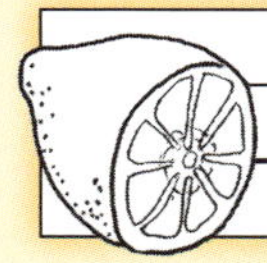

j → j
J → J
qu → qu
Qu → Qu

Kleines und großes j führen über eine Schlaufe zur Verbindungslinie.

Das große J geht vom Dach bis in den Keller.

Denke an den Luftsprung  beim kleinen q. Der Strich im großen Q wird zur Verbindungslinie.

Jens und Jan und Julia

sind im Juni alle da.

Sie quasseln Quatsch und essen Quark,

Judo und joggen machen sie stark.

j j J J

ja ja

Junge Junge

Jacke Jacke

Jo-Jo Jo-Jo

qu qu Qu Qu

Aquarium Aquarium

Qualle Qualle

Quatsch Quatsch

x → x
X → X
y → y
Y → Y

Beim kleinen x wird die Verbindungslinie oben angehängt.

Beim großen X wird die Verbindungslinie unten angehängt. Achtung! Deshalb sind die Anfangspunkte verschieden!

Aus einem U wird leicht ein Y. Es kommt nur die Schlaufe im Keller dazu.

Yolanda und Xenia wissen schon,

im Xylofon steckt ein Ypsilon.

Max und Alex entscheiden ganz fix,

heute und morgen machen wir nix.

x x x

X X X

boxen boxen

Hexe Hexe

Nixe  Nixe

y y | Y Y

Pony Pony

Baby Baby

Yak  Yak

Lustige ABC-Sätze

Hier gibt es lustige Sätze mit allen Buchstaben.

Sie sind nach dem ABC geordnet.

In die freien Linien kannst du den Satz abschreiben und dir einen eigenen ausdenken.

Am Wortende darf die Verbindungslinie kürzer sein, also zum Beispiel *Lea* statt *Lea*
und *Tim* statt *Tim*

A a Affe Alfons angelt acht Ameisen.

B b Biber Bibo bläst bunte Blubberblasen.

C c Clown Conny malt chinesische Comics.

D d Drei Drachen dürfen draußen duschen.

E e Elf Elefanten essen Erdbeereis.

F f Flinke Füchse fahren Fahrrad.

G g Grüne Gespenster gucken ganz grässlich.

H h Hase Hermine hat häufig Halsweh.

I i Igel Ina isst in Italien Insekten.

J j Jogi jammert weil die Jacke juckt.

K k Können Kängurus Kaugummi kauen?

L l Lama Lola lutscht leckere Lollis.

M m Mama Maus mag Müsli mit Marzipan.

N n Nilpferd Nils nascht neun Nüsse.

O o Opa Otto öffnet orange Ostereier.

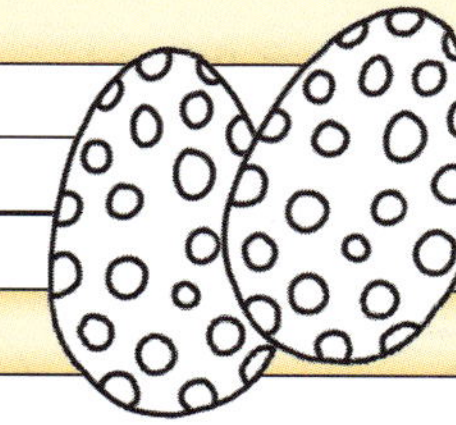

P p Papa plumpst plötzlich auf den Popo.

Q q Qualle Quax quakt und quietscht.

R r Ratte Rudi riecht Rosinen und Rührei.

S s Süße Spaghetti schmecken so super!

T t Tante Trudi trägt tolle T-Shirts.

U u Im Urlaub wäscht Udo ungern Unterhosen.

V v Vera versucht verschiedene Vanillekekse.

W w Willi will weiße Wollpullis waschen.

X x Hexe Xara hext Xoxoloxe.

Y y Mama Yak hat ein Baby bekommen.

Z z Zehn Zauberer zaubern süße Zitronen.